JN297095

英和対訳

ロジャーズのカウンセリング（個人セラピー）の実際

カール・ロジャーズ［著］
畠瀬 稔［監修］加藤久子・東口千津子［共訳］

コスモス・ライブラリー

目　次

ロジャーズのカウンセリング・ビデオ『Miss Mun』
　の日本語版 (字幕スーパー) 作成にあたって (畠瀬 稔) ----- *i*

カール・ロジャーズのミス・マンとの面接 ---------------------- *1*

　ロジャーズによるこの面接の紹介 ----------------------------- *5*
　カール・ロジャーズのミス・マンとの面接 ------------------------ *9*
　ロジャーズによる最後の感想 ---------------------------------- *49*

　日本語版　ロジャーズのカウンセリングと
　　エンカウンター・グループ　DVD & ビデオ ------------------- *54*

ロジャーズのカウンセリング・ビデオ『Miss Mun』の日本版（字幕スーパー）作成にあたって

畠瀬　稔

　このたびロジャーズのカウンセリング面接ビデオの日本版を作成した。このいきさつを書いておきたい。

　１９５０年代半ば、心理療法とカウンセリングの種々の技法が競い合う中で、ロジャーズはお互いに実際の面接録音テープを提示しあうことを提唱し、事実に基づいた討論と発展を促そうと、アメリカ心理療法家アカデミー（American Acadmy of Psychotherapists）という組織を立ち上げ、自らその会長に就任した。そして、彼自身も５～６本のテープを提供した。さまざまな学派から数十本のテープが寄せられ、テープ・ライブラリーとして、専門家に限定して販売、配布された。この中で最も有名なもののひとつが、この Miss Mun である。

　私が Miss Mun との面接録音テープを初めて聴いたのは、あやふやな記憶だが、１９６１年夏、ロジャーズを２ヶ月間日本に招待して開催されたワークショップの時であったと思う。私が参加したのは茨城県大甕の茨城キリスト教短大（当時）でのワークショップであった。それは１００人以上が大教室に集まって聴いたものであったが、あまり明確な記憶はない。その後、ほどなくして、京大教育学部熊野校舎の第一講義室（この校舎は取り壊され、現在は学生寮となっている）で、倉石精一教授（故人）の臨床心理学実習で、３０～４０人がともにこの Miss Mun の録音テープを聴いたことは今でもはっきりと覚えている。教育学部３、４回生、大学院生、研修員、文学部心理学専攻学生な

どが参加していたと思う。私もその実習の補助者の一人として参加していた。

　その録音は、今では見ることのほとんどないオープンリールのテープによるものであった。当時の私の英語理解力では、その内容はほとんど理解できなかった。しかし、今でもはっきりとした記憶が刻印されるように私の脳裡に残っているのは、ロジャーズの応答の力強い響きである。その当時、ロジャーズの面接逐語記録は、英語または邦訳で触れる機会はあったが、音声を伴わない言語記録の限界か、non-directive therapyという名称が普及していたためか、セラピストが『ウン、ウン』と聴くsimple acceptance（簡単な受容）、restatement（内容の繰り返し）、clarification of feelings(感情の明瞭化）といった技法的な先入観が広まっていたためか、これらの予期に反して、このロジャーズのテープ録音は実に力強く、クライアントに深く、全人格的に応答するものであったことの印象が鮮明に残った。

　その後、１９６７年３月から６９年３月までの２年間、私はロジャーズの元へ留学する機会を得た。ロジャーズの研究室で、ロジャーズ所有のテープをずいぶんたくさん聴いたが、Miss Munの映画があることはついぞ知らなかった。その噂さえ聞いたこともなかった。

　３０年後の１９９７年、ICCEP（International Conference on Client-Centered and Experiential Psychotherapy、現在はThe World Association for Person-Centered and Experiential Psychotherapy and Counselingと改称）の第４回大会（ポルトガルのリスボン）で、ベルギーのリター（Germain Lietaer）などが、その発表の一部として、Miss Munのフィルムを上映したのである。彼に尋ねたら、シカゴの　Barbara Brodleyから手に入れたという。

ロジャーズのカウンセリング・ビデオ『Miss Mun』の日本版（字幕スーパー）作成にあたって

　その後数年たって、東京の三國牧子さんがBrodleyから手に入れたMiss MunのDVDを日本人間性心理学会で上映された。私は三國さんからそのコピーを借りて、日本心理臨床学会のワークショップで上映したことがある。
　今回作成したものは、Brodley版とは異なり、ロジャーズの長女Natalie Rogers所有のもののコピーと、日本版作成の翻訳権を取得して作成したものである。
　Miss Munの面接の逐語録は、ロージァズ全集（岩崎学術出版社）第１１巻、友田不二男編訳『カウンセリングの立場』に西園寺二郎訳のものが訳出されている。今回は加藤久子・東口千津子ご両人の協力を得て、翻訳を全面的に改めた。そして、ロジャーズの生の応答をそのまま残して、訳語を日本語字幕で入れた。ロジャーズの力強い生の声がそのまま届くようにと。
　これは進行中のセラピーの第１７回目で、セラピストもクライアントも撮影と録音がいつ開始されたかわからないようにしてあるイリノイ神経精神医学研究所（Illinois Neuropsychiatric Institute）の特殊な部屋で収録された、とされる。（前掲、ロージァズ全集、１１巻、p.176）
　ロジャーズの個人面接の日本版は『グロリア』しかない。それも、クライアント中心療法のデモンストレーションとして、後に続くパールズのゲシュタルト療法、エリスの論理・情動性療法の、いずれも３０分の１６ミリ映画用のデモンストレーションの一部として撮影されたものである。現在普及しているのは、そのビデオ版である。ロジャーズの面接録画は、この他にもKathy、Sylviaその他いくつかの有名な個人面接の映像があるが、いずれも英語版のみである。それらは、聴衆の面前で多くは３０分のデモンストレーションが行われ、その後に聴衆と質

iii

疑を交わしたものの録画である。これに対してこの Miss Mun は実際のセラピーの場面そのものをクライアントの諒解の下に収録したものとして、貴重である。

撮影時期は、１９５３年－５５年ごろとされている。ロジャーズ５１歳－５３歳である。これは後にロジャーズの三条件（または中核条件とも言う）として著名になった『セラピーによるパーソナリティ変化の必要にして十分な条件』（１９５７年）の構想が固まりかけた時期とほぼ一致すると考えてよい。つまり、ロジャーズが自分の心理療法とカウンセリングのスキルと理論の成熟に自信と満足を感じていた時期であろう。

長い間、この映像の存在が公開されていなかったのは、クライアントのプライバシー保護のためであったのであろう。

映像は白・黒で、古いが、録音は比較的はっきりしている。何よりもロジャーズの応答の見事さ、それによって展開するMiss Munの自己表明と理解の深まり、カウンセリングの発展の見事さを見ることが出来るので、私は見るたびにそのすばらしさに感嘆させられる。

特に、注目してみてほしいと思うことを、数点挙げてみる。

1. 精神分析で強調されたセラピストのクライアントに対する逆転移（counter transference）という考えに対するロジャーズの批判である。精神分析では、分析家は中立的な立場を堅持し、患者をあくまでも対象化し、客観的な姿勢で分析に徹することが強調されてきた。これに対するロジャーズの批判は厳しい。自分はクライアントに対して、暖かい感情を持ち、情動的に深く関わったと言い切る。この点は、日本版のある『グロリア』でも繰り返

し表明されているので、多くの日本人にとってはおなじみのことであろう。ロジャーズの精神分析に対する批判は数多くあるが、これは最も主張したいことであったにちがいない。
2. ロジャーズが提唱した成功する心理療法の必要にして十分な条件の３つを、この面接は如実に見せていること。即ち、第一の条件としての、セラピスト側の自己一致(congruence)、純粋性(genuineness)、真実性(realness)といった態度、第二の条件としての、クライアントに対する無条件の肯定的関心(unconditional positive regard)、第三の条件としてのクライアントの内的準拠枠(クライアントの視点)からクライアントを正確に深く理解するという共感的理解(empathic understanding)の伝達、の３つが総合的に実践されていることをみることである。
3. クライアントの自発的発言をじっくりと待つ姿勢。ロジャーズは決して急いで応答していない。Ｔ(therapist)１０とＣ(client)１１の間に１分１０秒の長い沈黙がある。Ｃ７の前にも５３秒の沈黙がある。それ以外の１０秒以上の沈黙を数えてみると、実に１６回を数える。このじっくりと待つ姿勢は、クライアントの内面の動きを根気よく、尊重していることを物語っている。
4. 最も注目すべきは、クライアントに対する正確な共感的理解の的確さである。ロジャーズのひとつひとつの発言は、クライアントの発言を見事に、正確に、しかも言わんとしてまだ言葉に表明されていないものまでもとらえて、表現していることである。この正確な共感的理解により、クライアントはよりいっそう自分自身の感情、考

え、認識がはっきりとし、前進している様を目の当たりに見る。クライアントが、自分が本当に深く理解され、愛され、ともに歩んでくれているセラピストを感じていることは、次のやり取りに象徴されている。

　Ｔ３５　もし誰かが、あなたの……孤独や恐れの気持ちに……はいってきてくれたら、きっといいでしょうね。（１４秒沈黙）
　Ｃ３６　今、そうしていただいていると思います。（２０秒沈黙）

　そして、そのしばらく後に起こった Miss Mun の涙と、後に続く一連の動きにこのことを如実にみることができる。
　私は長い間、カウンセラーの研修に関わっているが、初心者はもとより、長年の経験を積んできたと思われるカウンセラーたちが、表面的な理解や、受身的なうなずきに終始していることを多く見るにつけ、このトランススクリプトがすばらしい学習資料を提供していると感じるのである。

　ロジャーズは１９８７年２月４日、８５歳で亡くなった。亡くなるまで面接の新しい境地を求めてそのアプローチを発展させ続けた。その一端は、スピリチュアルとか、トランスパーソナルとかいう領域に踏み込む新しい実践を記述していることに見られている。（Rogers, C. R. 1986, A client-centered/person-centered approach to therapy）しかし、ロジャーズの心理療法の核心はこの Miss Mun との面接に最もよく表現されていると思う。多くのサイコセラピスト、カウンセラーがこの面接をじっくり視聴していただく

ことにより、多分たくさんのことを学んでいただけると思っている。私がこのビデオを日本に紹介したかったのは、この録画が貴重な学習資料の一つになることを確信しているからである。

なお、ロジャーズの序言・面接後の感想英語トランスクリプトを作成してくださったRyan A. Richardson氏(立命館大学講師)、この日本版作成にご協力いただいた加藤久子さん(山口学園ＥＣＣ国際外国語専門学校非常勤講師)、東口千津子さん(学校法人山口学園ＥＣＣ社会貢献センター代表・学生相談室本部責任者)のご両人に感謝します。ことに加藤さんは、この試作品を、ＫＮＣセミナー参加者やスタッフの感想をもとにした私の修正要求に忍耐強く応じてくださった。これらのご協力がなければこの日本版は完成しなかった。ここに深く感謝の意を表します。

参考文献

- 西園寺二郎訳　１９６７年　進行中のサイコセラピィ　友田不二男編訳　『カウンセリングの立場』(ロージァズ全集第１１巻)岩崎学術出版社、203－222頁。
- Rogers, C.R. 1957 The necessary and sufficient conditions of therapeutic personality change. *Journal of Consulting Psychology*, Vol.21, No.2, 1957, 95-103.（邦訳　伊東博訳　セラピーによるパーソナリティ変化の必要にして十分な条件。H.カーシェンバウム／V.L.ヘンダーソン編、伊東博・村山正治監訳　ロジャーズ選集（上）誠信書房、２００１年、１６章）
- Rogers, C.R. 1986 A client-centered/person-centered approach to therapy. In Kustash, I. and Wolf, A. (Eds.) *Psychotherapist's Case-*

book. Jossey-Bass, 1986, 197-208.（邦訳　中田行重訳、クライエント・センタード／パーソン・センタード・アプローチ　同上、１０章）

カール・ロジャーズのミス・マンとの面接
第17回（撮影時期1953～1955年頃）

Carl Rogers Interview with Miss Mun
#17 (Circa 1953～1955 Filmed)

カール・ロジャーズ［著］

畠瀬 稔［監修］

加藤久子・東口千津子［共訳］

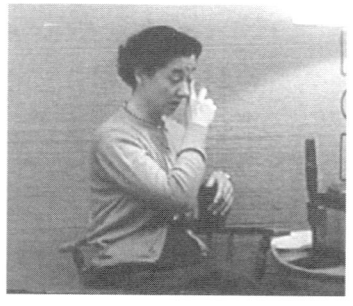

Carl Rogers Interview with Miss Mun #17 (Circa 1953～1955 Filmed)

カール・ロジャーズのミス・マンとの面接　第17回（撮影時期1953〜1955年頃）

Carl Rogers Interview with Miss Mun #17 (Circa 1953~1955 Filmed)

Foreword by Carl Rogers

Hello, I'm Carl Rogers. I want to tell you something about the client whom you are going to see in this motion picture.

She first came for help for several reasons:

- She was tense, tired and depressed, and these physical symptoms, according to the doctors, were psychologically based.

- She wanted to overcome these symptoms. She wanted to obtain more inner peace and contentment for herself.

- She was also concerned that several romances in which she had been involved had all turned out badly.

In addition, she was unhappy about her relationship with her elderly parents. She had always been a very dutiful daughter to them, looking after their needs. Yet she was becoming increasingly dissatisfied with herself in that relationship.

These were some of the reasons that she came for therapy.

She saw another therapist for more than 50 interviews and when he became unavailable, she wished to transfer to a

カール・ロジャーズのミス・マンとの面接　第17回（撮影時期1953〜1955年頃）

ロジャーズによるこの面接の紹介

今日は。カール・ロジャーズです。この画面でご覧頂くクライアントについて、一言お話ししておきたいと思います。

彼女はいくつかの理由で、援助を求めて私の所へこられました。

- 来た当初は、緊張、疲労、抑うつ状態にあり、こうした身体的症状は、医師たちの見解では、心理的な要因に基づいたものである、ということでした。

- 彼女はこうした症状を克服したいと思っていました。もっと心の平安と、自己充足感を得たいと望んでいました。

- この他にも、いくつか体験した恋愛が、すべてうまくいかなくなっていたということでも、心を痛めていました。

さらに、年老いた両親との関係も、あまりうまくいってないと思っていました。両親に対しては、常にかれらの要求を大事にする、非常に従順な娘だったのです。でも、徐々に両親とのそんな関係に不満を感じるようになってきていました。

彼女がセラピーを受けに来た主な理由は、このようなものでした。

彼女は、他のセラピストに５０回以上面接を受けましたが、その人の都合が悪くなり、新しいカウンセラーに変りたいと希望

new counselor. She knew me through having had classes with me, and I agreed to serve as her therapist.

The interview which you are about to see is the 17th interview with me.

You will find yourself observing a complex process in which she is discovering various feelings and expressing them more sharply; a process which is, I believe, the heart of therapy.

It may aid your understanding of one portion of the material to know that a few days prior to this interview, she had had a medical examination which had turned up some disturbing possibilities.

I think no further introduction is needed so let's simply enter the interview.

していました。彼女は私の授業を受けたことがあり、私を知っておられたので、私も彼女のセラピストになることをお引き受けしたのです。

これからご覧いただく面接は、私のところに来るようになってから１７回目のものです。

複雑なプロセスをご覧頂くことになりますが、彼女はさまざまな感情を発見し、より的確にそれを表現していっています。これこそがカウンセリングの本質だと、私は確信しています。

この面接をご理解いただく一助になればと思い、一言申しあげますが、この面接の２－３日前に、彼女は健康診断を受け、その結果、不安になるようなことを告げられていたのです。

前置きはこれ以上必要ないと思いますので、まずはご覧いただきましょう。

Carl Rogers Interview with Miss Mun #17 (Circa 1953~1955 Filmed)

Carl Rogers Interview with Miss Mun

C1   I think the last thing I talked about last time ... my feeling of 'should' about ... of having to, sort of ... be responsile for this reason, or ... and yet feeling demands that I was unable to respond to. It sort of made sense. this week. Why should I, this is the place where I do have limits and (mhm) should have them, and, ah... it would be much better for me to recognize them and just act on them, than to feel ... hostile (mhm) about not being clear about what my limits are and setting them straight. I think It's sort of had new meaning (mhm).

T1   Maybe if I accepted the fact that I ... need and must have limits here, and set them ... then I wouldn't feel so hostile.

C2   Mhm ... And I think that really touches a, a wide area in my life. I think it's been very hard for me to ... to set limits) and to ... feel that I have a right to have them, I guess. (mhm) ... And so they've been way out someplace, (mhm) without my being able to call on them for help, sort of thing (mhm).

T2   Sort of that you haven't had any protection for yourself, or any feeling that you had any right to such protection

カール・ロジャーズのミス・マンとの面接

Ｃ１　前回、私が最後にお話したのはたしか…「何かをするべきだ」とか…しなければいけないとか…この人に責任を持たなければとかいう気持ちのことでした…それでいて、それに応えることはできないとか、応えたくないとかいう感情が起こっているのです。その意味がわかってきたようなんです…今週になって。「どうして私が？」と思う、そこここが私のリミット（限界）があるところで（はい）リミットを持つべきで…リミットを認識して、それに基づいて行動する方が良いと思ったんです。嫌気を感じるより…。私のリミットがどこにあるのかはっきりさせず、リミットをあからさまには作らないでおいたまま敵意を持つより、ずっと良いんです。何か、新しい意味があるように思います。（はい）

Ｔ１　多分、事実を受け入れれば…リミットが必要で、ここがリミットで、ここまでにしておくべきだ…という事実をね…そうすれば、それほど敵意を持たないだろう、とですね。

Ｃ２　はい…それは本当に私の生活に色々と関係していると思います。私には難しいんです…リミットを設けるのは。そして、リミットを持つ権利があると感じることが、難しいみたいで。だから、リミットはどこかよそにあって、助けてもらおうとリミットを求めてはいけないとか、そんな感じで。

Ｔ２　これまで自分を守るものが全然なかったというような、そんな、守る権利があると感じることもなかったというよう

... *(um-hm) If somebody demands something, you must give, that's all. (mhm)*

C3   And thinking back I cannot think of specific instances, but I can certainly recall many times, I mean, as a total, when I have ... felt I should do something ... felt called upon to volunteer as though I had to be the one responsible for it. And then would have such a whole lot of things built up that finally I'd just feel overwhelmed by having so much to do, And then would feel very annoyed about the whole thing (mhm) and resentful, when really (laughing) there was nobody to be mad at except me. (mhm) (12 sec. pause) And of course that's a whole lot of ... in a way—I mean, it seems like being willing to do things and being a nice visitor—really it's being very ... very self-opinionated, I think, to think one can do all that (mhm) that I could do all of that ... So I ... to think one has no limits (mhm).

T3   *So that even though it seems so ... giving and so reasonable and everything ... actually it involves a pretty... almost egotistical feeling about yoursel, that you're able to be responsible for so mnuch and that you can give everything that's demanded and so on. (20 sec. pause)*

C4   So I think it's going to be sort of a real relief to ... feel I don't have to be the kind of person who can do everything that everybody wants, or everything that I want even, but

な・・・（はい）誰かに何かを求められたら、与えなければならないと、それしかなかった。（はい）

C3　振り返ってみると、具体的な例は思い出せませんが、確かに何度もあったんです。全体として、・・・何かをしなければと感じた時・・・自発的に引き受けなければと感じて、それに責任を持たなければいけないように思って。そしたら、いろいろと積み重なっていって、そのうち、しなければならないことでいっぱいになって、圧倒された感じになってしまって。そうなると、すべてのことで、本当にうんざりしてしまい　腹立たしくなるんです、本当に自分に怒りをぶつけるしかないんですもの。《12秒沈黙》もちろん、それがみんな・・・ある意味で――なんだか、色んなことを喜んでやりたがって、良い訪問者であろうとしているようで――本当に、とても・・・とても思い上がっているみたいなんです。そんなことを全部できると思うなんて。（はい）私がそれを全部やれるなんて。・・・そんなふうに・・・私にリミットがないと思うなんて。（はい）

T3　だから、たとえ・・・人のために与え、配慮もし、色んなことをしていても・・・実際にはそれは、かなり・・・自分自身に関しては自己中心と言えるような感情を伴うんですね、こんなにたくさんのことに責任を持つことができ、求められたものは何でも与えられると思ってしまう、という・・・。

C4　ですから、本当にほっとできるような気がします・・・みんなが望むような、自分でも望むような、何でもできる人でなくて良いのだと思うと。色々なことを考えて、なるべく・・・本

11

just sort of consider things and try to .. to really know ... what my limits are, what I can do and what's too much.

T4   Just feels like a lifting of a considerable burden if I feel I could ... I could select the things I can do and want to do. I don't have to do everything that's asked (mhm). Not even everything that I demand of myself.

C5   And I guess it may take some practice, don't know (laughs) (mhm). I may become aware of these things, I don't know. I think I am, because I sort of feel it's part of it, But I think probably what'll happen is that it'll hit me in the face, I mean, this is the place where I do need to set limits (mhm) and (mhm) ...

T5   That is, if get what you mean there, I think probably it isn't so much a matter of planning but just when ... something comes up ... you'll have the feellng, well, this is more than I can do, or more than I want to do, or something. Is that ... ?

C6   Well, I hope it'll be that way, I'm not really, I guess I'm really not quite sure (I see) how it'll happen. I'd sort of like it to be that way, so I know at the time (H-hm) ... rather than to (H-hm) ... make a ... feel that it's trailing along be-

当に…どこに私のリミットがあるのか、何ができて、手に余ることは何なのかをわかろうとすればいいのだと思うと、です。

T4　かなりの重荷を、少し下ろすような感じがしますね、もし…できることやしたいことを選べるのだと思えたらね。頼まれたことを全部はしなくてもいいのだと…。自分に求めるものでさえ、全部しなくてもいいんだと思えば、ですね。

C5　そして、たぶん練習が必要かもしれないと思います…わかりませんが。《笑い》こういうことに気づくようになれるかもしれません、よくわかりませんが。もう気づいているのだと思います。そういう部分もあるなと感じているのですから。でも、おそらく、これから、そうすることが私を打ちのめすことになるだろうなあって思います。ここが、私が本当にリミットを設けなければならないところなんです…そして…

T5　つまり、もし、ここだなというところになったら、おそらく、もう前もって計画しておくということではなく、単に…何かに向かい合ったら…あなたがある感情を持つだろうということですね、これは私のできる限度を超えているとか、したい限度を超えているとか何とかいう感情を。そういうことですか？

C6　まあ、そんなふうになればいいと思います。本当に、多分、あまり確信は持てません　どうなるのか…。そんなふうにしたいなというような、そうして、その時にわかればいいな、と。…なんだか…後ろに何か引きずっているような感じ

hind. I sort of start to respond and then have to change my mind afterwards.

T6   You'd like to be aware of your feelings about these demands right at the time they happen ... instead of having ... bright thoughts afterwards.

C7   Yes and I guess what I'm hoping is that that will be the case, that I don't get involved. (53 sec. pause) And I have been aware of myself ... not so much right now, but ... not too long ago in terms of maybe last year, been sort of aware of myself as a person who does have at times quite a bit of hostility (mhm) that comes out if I were very tired or something (mhm) — if my defences were low. And ... I'd sort of like to get to the bottom of that and I'm sure this is one thing I just talked about (mhm).

T7   But you're quite sure you often do feel a good deal of ... anger ... both in regard to this and perhaps in other ways and ... you wish you could get more to the roots of that (mhm). (18 sec. pause)

C8   I've been aware a little bit recently that, ah ... contrary to the way that I thought it might be, I sort of feel hostile to ... towards women as they're in groups. I mean I get sort of tired of them. I'm in a club where there's nothing but women and they have a business meeting. I feel so out of

でいるよりもいいと。なんとなく、初めは求めに応じているのに、後になって気が変わらざるをえない、みたいなんです。

T6　自分の感情を、こうした要求が起きたとき、すぐに気づきたいのですね。・・・後になって・・・この方がいいと思うよりも。

C7　ええ・・・そして、たぶん、私が望んでいるのは、これは問題になるだろうから、私は係わりたくない、ということなんだろうと思います。《53秒沈黙》で、私は自分自身でも気づいてきたんです・・・今ほどはっきりではないのですが・・・ずっと以前ではなく、去年くらいに、自分のことを、時々、かなり敵意を持つ人間なんだと思うようになったんです。とても疲れていたりなんかすると、敵意が起こります（はい）――自分の防衛が落ちていると。・・・そのどん底に行きたいような気分になるんですが、きっとこれは私が今お話したことの一つなんだと思います。

T7　でも、あなたは、実際にかなり感じることがあるんですよね・・・怒りを・・・これに関しても、それに多分、ほかのことでも。そして・・・もっとその根っこに近づきたいと思っている（はい）《*18秒沈黙*》

C8　最近少し気づいてきたんですが、・・・そうかもしれないと思っているのと矛盾するのですが、敵意のようなものを持つんです・・・何人か女性が集まっていると。うんざりするという感じです。私はあるクラブに入っていて、そこには女性しかなくて、ビジネスミーティングをするのです。そこで我慢でき

patience with the sort of ... I don't know, the way they go about things (clears throat). I find myself really enjoying a mixed group when there are men in the group much more (mhm). And I'm just wondering what that means because in the traditional sense of getting along well with my mother, I always have. I mean we seem to be much alike ... and we always had a good friendly relationship, so that I can't sort of connect anything of that sort, and yet ... Oh, last Wednesday, for example, it came to my attention that I should have an X-ray and I was in a room with other women who were waiting and I had taken in some studying to do, thinking I could spend my time that way ... and they were almost hysterical, I mean, I was nervous, I was scared to death, but they were sort of (laughs) letting out steam in such a way that it was making me feel far worse and I thought, 'these females, what's the matter with them' (mhm). I thought if this were a group of men sitting together, how much more comfortable it would be. There'd be sort or more reassurance, and just a way of functioning that isn't so hysterical, I guess.

T8   But you realize that ... even though you don't see a reason for it in your background ... still quite often your feeling is 'Oh, these women'! (mhm) Quite annoyed with.

ない気持ちになる…わからないんですが、その人たちの色んなやり方について、です。《咳払い》男性がたくさんいるような男女混合のグループでいるときのほうが、もっとずっと楽しい気持ちでいられるのがわかるのです。それってどういうことなのかしらと考えるんですけど…だって…母とうまくやっていたような古風なな感覚を、私は持っていますから。母と私はとてもよく似ているようなんです…いつも仲の良い関係でいました。だからそんなことを何かに結びつけることはできませんが。例えば、この前の水曜日に気づいたのですが、私がレントゲンを撮ってもらわなければいけなくて、ほかの女性たちと一緒の部屋で待っていたんです。その人たちも待っていて…私はしなければいけない勉強をしていたんです。そうすれば時間を使えると思って…そしたら、その人たちはキャァキャァと騒がしくて、そのう、私はびくびくしていたんです、ものすごく怖くって。でもその人たちは言ってみれば《笑う》そうやって緊張をほぐしていたみたいで、私はよけいに嫌な気持ちになり、「この人たち、何なのかしら」って思ったんです。一緒に座っていたのが男の人たちだったら、もっとずっと居心地がよかっただろうな、と思いました。もっと安心するだろうと。多分、やり方として…そんなにキャァキャァ騒いだりしないやり方をするだろう、と…。

T8 あなたは気づいているんですね…あなたの生い立ちに原因があるとは思わなくても…「もう、この女性たちときたら!」としょっちゅう感じてしまう。(はい)かなりイライラしてしまうんですね。

C9   And yet on the other hand I ... on the other hand I do have good friends that I like a lot (mhm). But when I don't know them, as I didn't with this group... and it isn't always these clubs ... they function in an inefficient, scatterbrained way.

T9   *Sort of feeling that ... women in general or women as a group—oh, nuts to them, (mhm) (words lost) ... (8 sec. pause)*

C10   And in a way it's, I think it's sort of a relief to find that really I do ... enjoy men's company quite a bit and like them, so ... I'm able to say that I really do, and I think that that's ... I'm sort of pleased to recognize that (mhm) and be able to say it ... And on the other hand I'm a little bit well, I don't like that I feel so impatient about ... women too. Well, I don't know, and I think that women's clubs ... I don't think I do want to have much to do with them. (laughing).

T10   *Mhm ... So it's kind of nice to be able to say, 'Yes, I like men' ... And I guess at first your reaction is, 'And I really shouldn't dislike women but then when you think of some of these situations you feel ... 'Augh'! (mhm) (long pause – 1 min. 10 sec.)*

C11   I don't really know where to go from there, because I can see that I do enjoy friends, I like to do things with them

カール・ロジャーズのミス・マンとの面接　第17回（撮影時期1953～1955年頃）

C9　一方では…良い友達もいて、その人たちは大好きなんです。（はい）でも、知らない人達は、私の入っていないグループは…いつもこのクラブということではないんですが…その人たちは、能率の悪い気が散るようなやり方をするんです。

T9　なんだか…女性って、とか、女性が集まると――「バカみたい、あの人たち」と感じる。（はい）《言葉が消える》…《8秒沈黙》

C10　そしてある意味、ほっとする感じがするんです。本当に…男の人たちと一緒にいると楽しい、男の人たちが好きだ、とわかると。だから…本当にそうだと言えますし、それは…それを認めるのが嬉しいし（はい）そう言えるのも嬉しい。…一方、ちょっと…女性に対して我慢できない気持ちになるのがイヤなんです。まあ、よくわかりませんが、女性のクラブは…女性たちとあんまり何か一緒にしたくないなと思うんです。（笑いながら）

T10　…では、こう言えるのは良いと思えるわけですね、「ええ、男の人たちが好きよ」と。…そして、おそらく、最初の気持ちは「本当は…女性たちを嫌ってはいけない」というものなんだけど、その後、こういう状況を思い浮かべると…「あーぁ」と感じてしまう。（はい）《長い沈黙―1分10秒》

C11　それからどこに向かえばいいのか本当にわからないんです。友達がいるのは本当に楽しいですし、その人たちと一緒

... and yet I have this impatience in me too. (11 sec. pause)

T11   It's here — these two kinds of contradictory feelings, 'I like some women very much, and I feel ... very annoyed at ... women in general, now what do I do about that'? (8 sec. pause)

C12   Probably stay away from women in general (Laughing). Don't get involved in ... women's organizations. So simple! (Laughs) (30 sec. pause) It seems as though that would be something I could explain ... when did it start, sort of thing. I don't know whether that's important or not ...

T12   But you feel sort of drawn toward the question of ... 'Why do I feel this way'? (17 sec, pause)

C13   It maybe ... As I think of this, I think of my ... when I was a very little girl, when my grandmother used to live with our family. And I guess she was a regular mother-in-law of the worst kind. She was my father's mother. And I was very much aware, as from as early as I can remember I guess, of the very poor relationship that existed between my mother and her, and ... my mother took the raw end of it sort of thing. I was very much concerned about her. In fact when

に何かをするのも好きだし‥‥それなのに、こういう我慢できない気持ちも持つんです。《11秒沈黙》

T11　こういうことなんですね——相反する2つの気持ちがある。「ある女の人たちは大好きだけど‥‥女性というもの一般に対しては、とても苛立ちを覚える。このことをどうしたらいいのだろう?」ということですね。《8秒沈黙》

C12　おそらく、女性一般からは距離を置けばいい、と。《笑いながら》係わり合いにならないでおこう‥‥女性の組織とは、ですね。とっても簡単なことですよね！《笑う》《30秒沈黙》私が説明できるのって、このことかしら‥‥いつからそうなったのか、そんなことかしら‥‥。それが大切なことなのかどうかわかりませんが。

T12　でもその疑問に引き寄せられるように感じるんですね‥‥「なぜ、こんなふうに感じるのかしら？」と‥‥。《17秒沈黙》

C13　たぶん‥‥このことを考えると、自分の‥‥私が小さかった時、祖母が一緒に住んでいたんですが、祖母は、よくある「姑」としては最悪のタイプだったのじゃないかと思うんです。父の母だったんですが。そして私は、おそらく記憶に残っている一番小さかった頃から、はっきり気づいていたんです。母と祖母との間がうまくいっていなかったということに。それに‥‥母は一番かわいそうな立場にいたというようなことも。私は母のことがとても心配でした。実際、子ども時代を思い起

I think of my childhood I think of being so worried about her because she didn't seem to be able to cope with the situation really. Sometimes I feel I never was ... really young, because I was so worried and upset. (mhm) I guess maybe other kids have worries too, but ... it was sort of a ... a feeling of being older than my mother somehow or other (mhm). I was so sorry for her that she wasn't able to be happy and sort of cope with this ... old lady who was just so very dominating, a tyrant, just nasty ... And at the same time that I ... was angry with my grandmother for what she was doing to my mother, I was sorry for her too. All sorts of mixed up (mhm) emotions, really too much for a child. (mhm)

T13   Almost feel as though all those ... mixed feelings of anger for your grandmother, and sorrow for her, and feeling kind of worried about and responsible for your mother ... almost robbed you of any real childhood. (mhm) ...

C14   I'm thinking that maybe ... maybe there was a feeling of resentment there, I may have had it without my knowing it – that somehow or other they couldn't work this thing out in some way. I mean, why did my mother have to put up with it? If she had set limits (mhm) ... maybe it wouldn't have ... happened.

T14   But you feel that there is perhaps sort of an undercur-

こすと、母のことをとても心配していたことが思い出されます。母がその状況に、うまく対応できていなかったように思えましたから。時々、私は…本当に子どもでいたことがなかったような気がするんです。とても心配して動揺していましたから。たぶん、他の子どもだって心配ごとはあったでしょうが…何ていうか…母よりも年上になっているような感じだったんです。母をとてもかわいそうに思っていました。母が幸せになれず、あのおばあさんとうまくやっていけていなかったからです。祖母はとても支配的で、横暴で、意地悪でした。…そして同時に私は…祖母にも腹を立てていました、祖母が母に対してしていることで、です。祖母も気の毒な人だと思いましたが。全部がまざり合った感じで、子どもにはとても荷が重過ぎました。（はい）

T13　まるでそういった…まざり合った感情が、おばあさんに対しての怒りや、お母さんを気の毒に思う気持ちや、お母さんを心配したり守りたい気持ちとかが…無邪気な子ども時代をうばっていたみたいなんですね。（はい）…

C14　今はこう考えているんです…たぶん、恨みのような感情があったのかもしれません。気づいてはいなかったんですが。－何とかして、これをどうにか解決できなかったのか、と。なぜ母は我慢しなければいけなかったのだろうか？と。母がリミットを設けてさえいたら（はい）…そんなことには…ならなかったのかもしれません。

T14　でも、あなたは、お母さんに対する腹立たしい気持ち

rent of resentment toward her on the basis of ... why didn't she settle this thing or why didn't she ... set limits as to ... how submissive she will be or something? (mhm) ... It could be — an we summarize that – why didn't she handle it like an adult? ... / I don't know ...

C15   Could be and that may have ... I don't know ... it may have given me a lack of belief in adults' ability to handle things, because it seemed to me such a ... a mess, and it resulted in such ... awful experiences for me because sometimes sort of an undercurrent fight between them would spill over and my father would get into it, and he would lose his temper. That was his way of handling it. And that was just ghastly. I would think that if he would leave and go away and then ... everything would sort of fall to pieces. (mhm) ...

T15   Am I getting this right, that you felt if he ... dropped out of the situation, then, then, it would just be a complete mess. Nobody would be able to handle things?

C16   I guess so, I hadn't thought of that before, because when I think of those times when ... he got in, and there was this real ... fury and anger ... I had a feeling that he might— and I remember once he, I guess he had his slippers on, he took his slippers off and decided to put his shoes on, and I thought ... he said he was just leaving and I thought – 'oh',

が心の底にあったと思っている・・・どうしてこれを解決しなかったのか、とか、どうして・・・リミットを作らなかったのか・・・人の言いなりになってばかりで、とか思うのですね？・・・ではーつまり、どうして大人のようにそれを扱えなかったのか、という気持ちですか？・・・うまく言えませんが・・・

Ｃ１５　もしかして・・・よくわからないのですが・・・そのせいで大人が物事をうまく処理できると信じられなくなったのかもしれません。とても・・・めちゃくちゃに見えたし、とても・・・恐ろしい経験でした。一種の目に見えない戦いが突如あふれ出すことが時々あり、父もその中に割って入り、かんしゃくを爆発させていたのです。それが父のやり方でした。それは、ものすごかったんです。よく思いました・・・父がその場を離れて行ったら、・・・何もかもが、めちゃくちゃになるだろうと。（はい）

Ｔ１５　こういうことですか？——あなたは、もしお父さんが・・・その場から出て行ってしまったら、どうしようもなくめちゃくちゃになっていただろうと、誰も問題を解決できなかっただろうと、感じていたんですね？

Ｃ１６　そうでしょうね。そのようには以前は考えたことがありませんでした。その頃を思い出すと・・・父が入ってきて、本当に・・・激しく怒っていたので・・・父なら、という感じで——あるとき父が、多分スリッパをはいていたんだと思いますが、スリッパを脱いで靴をはこうとしたんです、それで私は・・・父が外に行くのだと思ったので、私は——「ああ！　最悪のことに

that was just the worst thing that could happen (mhm) ... And I think that in all of this feeling I've had about my father, that really I did very much want a good relationship with him. I think that's the part of my upset, that I ... wanted so much to have him care for me (mhm) and yet didn't seem to get ... what I really wanted and yet keep on trying even, I guess, even today in certain things ... because I know even when I ... and when I ... It used to be when I'd go on vacations and things ... I'd find myself wanting to buy him a present ... first of all and send it ... As though, well, my mother would understand, but somehow or other I had to do something special for him (mhm), keep on trying and trying ...

T16 But you feel that all along and to some extent even now ... you would like so much to have him care for you. And that that governs ... a number of the things you do.

C17 Mhm. And yet in a certain way, you see, I realize that he does. I mean, he would say it ... And yet it just hasn't seemed to get to me, somehow or other, as real. I mean it's word service, lip service sort of thing ... or a caring that ... it wants too much to hang on, and sort of control completely. A frightening thing for me.

T17 Would this be putting it right? / That ... you're saying that ... perhaps he does care, but at least all that gets through to you ... is words about caring ... and demands on

なる、と思いました。・・・そして、父について抱いていたこうした感情の中には、父と良い関係でいたいと言う気持ちがとてもあったんだと思います。だから混乱している部分があるんだと思います・・・父に、私を愛してほしいと、とても思っていたことで、です。それでいて本当に望んでいたものは得られなかったようで・・・。でも必死に求め続けて。たぶん今でも、ある面では求めているんだと思います。・・・私が・・・休暇旅行に行った時や何かによく・・・気がつくと父にプレゼントを買いたいなと思っていたんです、まず、それを送りたいと。まるで・・・母ならわかってくれるでしょうが、とにかく父に何か特別なことをせずにはいられなかった。（はい）しよう、しようと、し続けて・・・

T16 でもあなたには、ずっと、そして今でもある程度・・・お父さんにとても・・・愛してほしい気持ちがある。それが・・・あなたがする様々なことに影響を及ぼしている。

C17 はい、それでいて、ある意味、父は愛してくれているとも思います。というか、よく、そう言ってくれてはいたんです・・・それでも、現実には、私には届いていないように思えて。単に言葉だけ、口先だけのようで・・・好きだと言っても・・・すがりつけるようなものがない、きちんと心を預けられるものではなかった。私にはとっても恐ろしいことなんです。

T17 こういうことですか？ あなたがおっしゃるのは・・・お父さんはおそらく、愛してくれてはいるが、少なくとも届いたのは・・・好きだよという言葉と・・・あなたに対する要求だけ

you. (mhm) (9 sec. pause)

C18   And demands that I just feel too ... tired to be able to come up to (words lost) ... respond to. It's just too much ...

T18   Just a hopeless feeling that I can't possibly meet his expectations or demands ...

C19   Because once I meet one, then there's another, and another, and another, and I never really meet them. I mean: it's sort of an endless demand (mhm) ...

T19   Looks as though that just makes you feel tired right now, just to think of this endless chain of ... insatiable demands. (30 sec. pause) (mhm)

C20   Knowing the kind of mother that he had, it's probably ... oh, I think it's possible that he's just trying to find a mother in every woman. (mhm) Because his way of ... of being a husband was to demand an awful lot from my mother in terms of just pure service (mhm). And that's another thing that makes me mad about her, that she did it! To the point where I think she's destroyed herself almost physically, just worn out.

T20   That's another one of the feelimigs that you hold

だった。(はい)《9秒沈黙》

C18　それに、要求されても、すっかり嫌になって、父が求めるものには添えない感じで《言葉に詰まる》・・・荷が重すぎました・・・

T18　お父さんの期待や要求に応えられないという絶望的な気持ちですね・・・

C19　だって、一つ期待に応えたと思ったら、またひとつ、またひとつ、そしたら全部に応えられるのは、まったく無理です。要求には際限がないみたいで。

T19　ちょうど、今あなたが嫌になっている状況と似ているみたいですね、そんなふうに際限なく・・・飽くことなく要求され続けて、というのは。《30秒沈黙》

C20　父の母はああいうタイプの人でしたから、おそらく・・・ああ、父はどの女性にも母親というものを求めようとしていたのかもしれないな、と思います。(はい)父のやり方は・・・夫としての振る舞いは、母にもすごく色んなことを要求することだったんです。純粋に尽くすように求めるという意味でです。そのことでも、母をとても腹立たしく思うんです。母はそれに応えていたんです！　母が体を壊したんじゃないかと思うくらいまで、です。ボロボロにされていたんです。

T20　それも、あなたが女性に対して持つ感情というわけで

against women. / Here she ... just gave in to all his demands for service and help. (7 sec. pause)

C21   And there again, if she had set limits, he would probably have accepted them, But she just didn't ...

T21   Feel that if she had been able to say within herself 'I'll go this far but no further' ... Well it probably would have been all right (mhm) ...

C22   Because he respected, he respected her when she did set any limit, and here would be an occasional time when she would, and that was it. But she didn't do it very often. And of course I always felt I'm sort of, sort of like her, being rather submissive and ... not setting limits.

T22   So that in a sense you feel, 'here I am ... following in the same kind of pattern that she set?' (mhm).

C23   And not liking the pattern ... even while I love her a great deal. Just feeling that she allowed herself to be taken advantage of in ways she didn't need to. (9 sec. pause)

T23   Guess you're saying, 'I really don't respect her for

すね。ああやって…夫が尽くせとか助けろとか要求すると、それに服従するだけだった、と。《7秒沈黙》

C21　そこでもまた思うんです、もし母がリミットを設けていたら、たぶん父も、それを受け入れていたのではないかと…。でも母はそうしなかった…

T21　お母さんが心の中で…「ここまではやってもいいけれどそれ以上は無理」とでも言うことができたら…そうしていたらうまく行っていたかもしれないと感じるんですね。

C22　父は母を尊敬していましたからね。母が実際に何らかのリミットを置いた時には、母を大事にしました。たまにはそんなこともあり、そうできていたんです。でもあまり、しょっちゅうではなかった。もちろん、私はいつも何か母に似ているというような感じがしていたんです。母が従順で…リミットを置かないでいるところに、です。

T22　だからある意味、こう感じているんですね「私もこうなんだわ…お母さんがやったのと同じパターンを繰り返している」と。

C23　それでいて、そのパターンが嫌で…母をとても愛していても、です。利用されるがままだったなあ、必要でもないところでも、という感じです。《9秒沈黙》

T23　「すべての要求に応じようとしているだけというやり

Carl Rogers Interview with Miss Mun #17 (Circa 1953~1955 Filmed)

the way she just kept trying to meet all the demands?' (13 sec. pause)

C24 And really not wanting to be that kind of person myself. I find that it's not a good way to be, and yet ... I think I've had sort of a ... that's sort of the way you have to be if you intend to be thought a lot of and loved ... that kind of feeling, too ... (mhm) ...

T24 Sort of really contradictory first to be feellng, 'I don't want to ... I don't want to be a person who just gives in to all demands'. And yet feellng ... that's the only chance I have of being loved. (18 sec. pause)

C25 And yet who'd want to love somebody who just ... was that sort of wishy-washy person?

T25 Who really would love a ... doormat? (mhm).

C26 At least I wouldn't want to be loved by the kind of person who'd love a doormat. (Laughing) (mhm) (27 sec. pause) And I probably think that she could have done better with my grandmother, I mean ... she could have ... just refused to take all that she took, all the suffering she took. And she could have saved me all the suffering I had because

方をする母を本当は尊敬していない。」と言っているような気がするんですが？《13秒沈黙》

Ｃ２４　そして、自分もそういう人には、本当になりたくないと思っているんです。そういうのは良いやり方ではないと思うんです。それなのに…私はそんな…そうしなければいけないというようなやり方をやっているんです、たくさん自分のことを考えてもらいたい、愛されたい…そういった感情があるなら…（はい）…

Ｔ２４　本当に矛盾しているんですね。最初は「そうしたくない…すべての要求に服従するような人にはなりたくない」と感じている。それなのに…それが愛される唯一のチャンスだとも感じている。《18秒沈黙》

Ｃ２５　でも、愛したいと思う人がいるでしょうか…そんな気の抜けたような人を…。

Ｔ２５　誰が本当に愛するだろうか…「ドアマット」（玄関先の泥落とし）みたいな人を…ですね？（はい）

Ｃ２６　少なくとも、私はドアマットが好きだと言うような人に愛されたいとは思いませんけどね。《笑いながら》《27秒沈黙》そして、おそらく、母は、もっとうまく祖母とやれたかもしれないとも思うんです。母は…求められたことを全部、断ることだってできたと思うんです、母が引き受けたつらいことも全部。そうすれば私が感じていたつらさも、味わわずに済ん

it was terrific suffering for me ... to have to be worried about my mother all the time.

T26 I guess you're saying that to some degree, 'I do blame her for not coping better with my grandmother, and for not ... not being more of a person in her own right! (mhm)

C27 And just sort of bogging down in the misery of it all. And it was her home, it wasn't my grandmother's home. But you would have thought it was hers, because the whole thing centred around her ...

T27 Guess you're saying there, 'I really don't like the weakness in my mother'.

C28 Mhm. (27 sec. pause) And it came out in other ways ... when we were in this country and my grandmother was no longer alive. My mother seemed always to feel that she had to be doing something, even in the evenings, in the kitchen, she just had to be ... busy. And so much of the time I used to feel, oh, if she only sit down and be with us a little bit. Be a mother, sort of, in the family group rather than just always doing things. And..., it was only later, when I was sort of adult, that she started to do this, as she got older, I think. And I feel that if she had done it when I was younger, it would have meant so much somehow or other, cause I

でいたはずだし。私には、とてもひどい、つらいものでしたから・・・いつも母のことを心配しなければいけなくて。

Ｔ２６　おそらく、こんなことを言っているんですね。「私は母を責めたい。おばあさんともっとうまくやってくれたらよかったのに、もっと・・・自分の権利を大事にしてくれたらよかったのに」というようなことを。（はい）

Ｃ２７　そんなみじめな状態で身動きできなくなったりしなければ、よかったのに、と。それにそこは母の家で、祖母の家ではなかったんです。でも、祖母の家だと思えたでしょうね。何でも祖母が中心でしたから。

Ｔ２７　「お母さんの弱いところが本当に嫌だ」と言っているように思うんですが。

Ｃ２８　ええ　《27秒沈黙》それに、違うときにもあったんですが・・・私たちがこの国に来て、祖母はもう亡くなっていたんですが、母はいつも何かをしていなければいけないと思っているように見えました。夜でも、台所で、ただただ・・・忙しくしていなければいけなかった。そしてそんな時、しょっちゅう私は、ああ、母が少しは座って私たちと一緒にいればよいのにと、よく思っていました。家族の中でお母さんでいてほしいな、みたいな、いつもなにかをしているだけではなくて。そして・・・あとになってから、私が大人になってから、母はそうなってくれるようになりました。年をとってきたからだ、と思います。わたしが子どもだった時にそうしてくれていたら、何

didn't want her to be doing things all the time. She was ... that was being a mother, but really ... if she'd just been there a little more.

T28   You just wish she hadn't ... felt so obligated to do everything, and wish she could have relaxed a little more ... and have really been in relationship with you. (H-hm) (15 sec. pause)

C29   I was thinking the other night, I was feeling very blue about the way I felt, and I thought. well ... maybe, I wish I had my mother here in the way that she was, because she used to be ... sort of reassuring when I was ill and she would do little things, and make some special dish, like custard or something. It was sort of reassuring sort of to have her around. (mhm) And, of course, I know that she isn't able to be that way any longer. I don't know what it all means, but for a minute I thought I really miss her. I sort of need a mother at this point and yet that's sort of impossible ...

T29   But even though it's factually impossible, the feeling was ... 'Gee, I miss her, I wish she was here to take care of me and look after me'. (mhm) ... (19 sec. pause)

C30   And yet at the same time felt, well—a little later, so

かもっと良い面が色々あっただろうに、と思います。いつも何かをやってばかりいないでほしかったからです。母は…それが母親というものなんでしょうが、でも本当は…もう少しあの場にいてくれていたら、と。

T28　お母さんが‥何でもしなければいけないように思ってほしくなかったんですね。そしてもう少し…あなたと話をしたりして、本当につながりを深めてくれていたら良かったのに、と思うのですね。（ええ）《15秒沈黙》

C29　先日、夜に考えていたんですが、自分がどうしてこんな感じ方をするんだろうと思ってゆううつな気分でいて、その時、母が、あのころみたいな母がここにいてくれたらな、と思ったみたいなんです。母はよく…私が病気だった時、元気づけてくれたり、ちょっとしたことをしてくれたり、カスタードとか何か特別な料理を作ってくれたりしました。母がそばにいると、なんとなく安心できたんです。そしてもちろん、母も、もう、そんなことはできないとは、私もわかっています。どういうことなのか、よくわからないんですが、ちょっと、母がいなくて本当に寂しいなと思いました。今、私には母親が必要で、でもそれは無理だというような…

T29　でも、現実には無理でも、気持としては…「ああ、お母さんがいなくて寂しい、ここにいて、世話をし、面倒を見てくれたらいいのに」って。…《19秒沈黙》

C30　それでいて同時に、まあ…少ししてからですが…

– I thought that ... maybe that wasn't what I needed, maybe it was a more adult ... sort of companionship or something in some way, rather than a mother. But I needed something or somebody ...

T30 You really didn't feel sure in yourself whether ... what you wanted was someone to really ... give you close mothering ... or whether you wanted some more .. grown up kind of relationship ...

C31 And then, in another sense, I thought, well ... maybe it's just something I have to go through alone.

T31 Maybe it's just hopeless to wish that I could really be in a relationship with anybody ... Maybe I have to he alone.

C32 The thing that sort of has thrown me this week is that ... well, I feel better about the physical condition I talked of last week, and I sort of made friends with my doctor which makes me feel a little better, as though we're not going to be quietly fighting without saying anything. And I think that I have more confidence in my medicine. I read an article about this and it said it's very hard to diagnose, so I don't hold that against him. But he feels he has to be sure, sort of ... (words lost) giving me X rays and I'm frightened because I kind of feel that they're trying to be sure it isn't cancer.

思ったんです・・・多分、私に必要なのは、そんなのじゃない、たぶん、もっと大人の人だ・・・仲間とか何かそういったもので、母親ではないなって。でも何か、誰か、必要だ、と・・・

T30 *あなたご自身でも・・・自分がほしいのが本当に・・・親密な、母親のようなことをしてくれる人なのか・・・それ以上の・・・大人のような関係を持ってくれる人なのか本当にはよくわかっていないんですね*

Ｃ31　でも、別の意味では、そのう・・・私が一人でやっていかなければいけないのかもしれない、って。

T31 *たぶん、誰かと本当に関係を深めることを望んでも、かなわないだろう・・・多分、一人でやっていかなければならないのだろう、と。*

Ｃ32　今週、私に投げかけられたことは・・・先週私がお話しした体調のことは、良くなっている感じがしています。主治医とも仲良くなったみたいで、そのせいもあって気分も少し良いです。静かに、何も言わずに戦おうとしているのではない、みたいで。治療にも前より信頼が持てるようになったと思っています。これに関しての記事を読んだんですが、診断はとても難しいと書いてありました。ですから、それで主治医に盾突こうとは思いません。でも主治医ははっきりさせたいと思っているようで、なんて言うか・・・《言葉に詰まる》私のレントゲンを撮りたいと言って、私は怖くなりました。ガンではないことを

That really frightens me terribly (mhm), and ... I think it's when I let that ... thought come to me, maybe it is and what if it is and ... that's when I felt so dreadfully alone.

T32   HmHm ... *You feel if it's really something like that ... then you just feel so alone. (8 sec. pause)*

C33   And it's really a frightening kind of loneliness because I don't know who could be with you ... and it seems rather. (7 sec. pause)

T33   *Is this what you're saying? / 'Could ... could anyone with you in ... in fear, or in a loneliness like that'? / (Client weeps) (30 sec. pause) Just really cuts so deep. (C shakes her head) (13 sec. pause)*

C34   I don't know what it would feel like if there were somebody around that I ... could feel sort of ... as though I did have someone to lean on, in a sense ... I don't know whether it would make me feel better or not. I was trying to think, well, it's just something that you have to grow within yourself ... Just sort of stand ... even just the thought of it, I mean, it'll be two weeks, I suppose, before they know. Would it help to have somebody else around, or is it just something you just have to ... really be intensely alone in?

確認しようとしているように思えたからです。それで本当に私は怖くなりました、ものすごくです（はい）そして・・・その・・・考えが頭の中に浮かんできたと気づいたら、もしかして、そうかもしれない、そして、もしそうなら・・・本当にものすごく一人ぼっちなんだと思ったんです。

T32　はい・・・本当に何かそんなものだとしたら・・・すごく一人ぼっちなんだって感じる・・・。《*8秒沈黙*》

Ｃ33　本当に恐ろしいような寂しさなんです。だって、誰が一緒にいてくれるか、わからないし・・・かなり《*7秒沈黙*》

T33　こういうことでしょうか？「誰か・・・誰か一緒にいてくれるだろうか・・・そんな恐ろしい時や一人ぼっちの時とかに」ということ？《*C泣く*》《*30秒沈黙*》本当にとっても深く傷ついているんですね。《*C首を横に振る*》《*13秒沈黙*》

Ｃ34　そばに誰かいたら、どういう感じがするのかわかりませんが。私は・・・ある意味、誰か頼れる人がいるように思えたらいい・・・そうしたら、もっと落ち着けるのかどうかわかりませんが。考えようとしていたんです、心の中で育てなければいけないのだ、と・・・。ものを立てかけるスタンド（台）みたいなものを。・・・それを考えるだけでも。そのう、2週間かかると思います、結果がわかるまでに。誰かそばにいてもらった方がいいんでしょうか？　それとも自分で・・・努力して一人で受け入れるべきものなんでしょうか？　そしてそれが・・・そんな

And that's the ... well, I just felt that way this week, so dreadfully, dreadfully, all by myself sort of thing. (mhm) ...

T34 Just a feeling as though you're so terribly alone ... in the universe, almost, and whether ... (Uh-hum) whether it even—whether anyone could help—whether it would help if you did have someone to lean on or not, you don't know. (15 sec. pause)

C35 I guess probably basically, that'd be a part of it you would have to do alone. I mean, you, just couldn't take anybody else along in some of the feelings: and yet, it would be sort of a comfort, I guess, not to be alone.

T35 It surely would be nice if you could take someone with you a good deal of the way into your ... feelings of aloneness and fear. (14 sec. pause)

C36 I guess I just have. (20 sec. pause)

T36 Maybe that's what you're feeling right this minute. (19 sec. pause)

C37 And I think it is a comfort. (Long pause – 1 min. 27 sec.) And I guess the feeling I have now is, well, I'm probably looking on the very blackest part of it. And maybe there's no real need for that ... I mean I ... It may just take

ふうに、今週は、本当に恐ろしく、怖い思いで、一人なんだとか、そういうことを考えていました。（はい）・・・

T34　ご自分が本当に一人ぽっちだというような感じなんですね・・・この宇宙の中で、どこであっても・・・（はい）・・・誰かが助けることができるかどうか——誰か頼る人がいてもいなくても助けになるかどうか、それさえ、わからないんですね。《15秒沈黙》

C35　おそらく、基本的には、一人でしなければならないという部分はあるんだと思います。つまり、ある感情には誰か他の人に入ってきてもらうことはできないんです。それでも、一人でなかったら、一種の慰めにはなるんだろうと、思えて。

T35　もし誰かが、あなたの・・・孤独や恐れの気持ちに・・・かなり入ってきてくれたら、きっといいでしょうね。《14秒沈黙》

C36　今、そうして頂けている気がします。《20秒沈黙》

T36　たぶん、今この瞬間、そう感じておられるんですね。《19秒沈黙》

C37　そして、慰められている気持ちです。《長い沈黙－1分27秒》今の私は、その一番真っ暗な部分を見ている気分なんだろうと思います。でも、その必要も実際にはないのかもしれません・・・そのう・・・自分を安心させるのには時間がかかるのか

time to reassure me. (5 sec. pause) And then this will all be sort of unimportant (mhm), although it's something I shan't forget, I'm sure (Laughs) (mhm) ... But it's been, it's been sort of hard to be optimistic about it. Usually I can sort of see the bright thing, but ... this has been sort of something that's thrown me, I guess.

T37   I guess you feel as though you've really ... lived with the blackest possibilities ... even though the facts may turn out to be quite otherwise. (mhm) But is has been ... hard. (18 sec. pause)

C38   I suppose it all has ... something to do with ... thoughts about death, or something, probably, I don't know ... lots of implications to explore if I get down to it, because there have been times when I've thought, well, if I'm going to keep on feeling the way I've been feeling the last week forever, I really wouldn't want to stay alive. (Laughs) ... So there's that side to it, but there's also a real not wanting to ... face death ... (mhm) ... (7 sec. pause)

T38   A real feeling of ... not wanting to look that possibility in the face. (33 sec. pause)

C39   And yet I suppose if I'm really ill, it wouldn't be the worst thing. (14 sec. pause) The worst thing, I guess, would be the pain. I seem to have a low tolerance for pain.

も。《5秒沈黙》そして、そのうち全然重要ではないことになるんでしょうね。忘れられないことだと思うけれど、きっと《笑い》（はい）…でも、そのことで楽観的になるのは、難しかったんです。普通は、私は明るい見方をすることができるんですが…こんな思いにふりまわされていた感じだったんです、たぶん。

T37　きっとあなたは、まるで本当に…真っ黒な可能性と一緒に生きてきた…事実は全く違う方向に展開するかもしれないのにね。（はい）でもそうは…考えにくいんですね。《18秒沈黙》

C38　おそらくみんな…死や何かについての考えと、もしかしたら、関係があるんだと思います…良くわかりませんが…それを掘り下げると、考えなければならないことがたくさん出てきます。考えたことが何度もあるんです。もし、ずっと先週のような感じ方をし続けていたら、本当に生きていたくはなくなるでしょうね。《笑う》…ですから、そういう面もあるけど、現実の、望んでもいない面もあるんです…死に向き合うなんて…（はい）…《7秒沈黙》

T38　本当の気持ちは…その可能性と、まともに向き合いたくはないんですね。《33秒沈黙》

C39　それでも、もし本当に病気でも、それが最悪なのではないと思います。《14秒沈黙》一番嫌なのは、痛みだろうと思います、たぶん。私は痛いと、あまり我慢ができないのです。

(6 sec. pause)

T39 So that in some ways, if it came right down to it ... death might be easier to face than pain. (18 sec. pause)

C40 I don't want to face either one, really. (8 sec. pause) Not now anyway. (mhm) (Blows nose) I'm sorry. (28 sec., from that moment) ... I'm trying very hard to get down to business these days ... studying and ... things I'm supposed to do ... I'm just worried, I guess. (mhm) It's not so bad. Pain isn't there and if I can forget it, I can seen, to get along. But when it's there, I'm just continually reminded of it and that's sort of frightening and really is uncomfortable.

T40 But you feel I'm surely not very efficient when I'm ... in pain and when I'm worrying (mhm), frightened. / (25 sec. pause) I see our time is up.

《6秒沈黙》

Ｔ３９　では、ある意味、そこまでに至ったら・・・死と向き合うのはさほどつらくないかも知れませんね、痛さよりはましだと・・・。《18秒沈黙》

Ｃ４０　どちらとも向き合いたくありません、本当は。《8秒沈黙》ともかく今は。《鼻をかむ》すみません。《この間２８秒》・・・この頃、とても一生懸命、仕事に取り組もうと努めているんです・・・勉強にも・・・やるはずになっていることにも・・・不安なんだろうと思いますが。（はい）そんなに悪くはないんです。痛みはありませんし、忘れることができれば、うまくやっていけると思います。でも痛みがあると、常にそのことやそういった怖さを思い出さずにはいられず、本当に不快なんです。

Ｔ４０　すると、痛みがあるときや、心配している時や怖がっている時には、あまり能率があがっているわけではないと感じているんですね。（ええ）《25秒沈黙》時間がきましたね。

Carl Rogers Interview with Miss Mun #17 (Circa 1953~1955 Filmed)

Conclusion by Carl Rogers

I think I feel sufficiently deeply involved in this interview that's just finished that I haven't ahhh ... too many intellectual reactions to it.

Um ... I guess uh ... perhaps the thing I could comment on a little bit is that ... uh ... in what for me was the most deeply moving part of the ... of the interview where she realized that this relationship is, in a sense, the kind of thing she has been hoping for and wishing for uh I certainly feel very much emotionally involved at that point.

I think that there have been many strange and unfortunate ... uh ... ideas about so-called counter transference in therapy ... uh ... and often those ideas leave almost no room for the real feeling of the therapist toward the client.

Uh ...... I do have warm feelings toward this person and in a situation of that kind ... uh ... I feel them very keenly and feel her appreciation of those feelings very keenly.

Uh ... I think that in some sense what goes on in therapy is that you feel enough caring for this person to really let him or her possess his own feelings and live his own life and that ahh you also recognize that the most that can be given to another person, not the least but the most that can be given

カール・ロジャーズのミス・マンとの面接　第17回（撮影時期1953〜1955年頃）

ロジャーズによる最後の感想

今終わったばかりのこの面接に、私は深く没頭していたので・・・理論的な感想はあまり申しあげられないかと思います。

・・・少しだけコメントするならば・・・面接の中で最も感動的だった場面は,この関係がある意味で彼女がずっと希望し続け、期待してきたものであったと気づいたところで、その点に私は確かに情動的にとても深く関わっていると感じています。

セラピーにおいて、いわゆる逆転移（counter transference）という奇妙で不運な考えがたくさん出されてきていますが・・・そうした考えはクライアントに対するセラピストの本当の感情が持つ意味について、なんらの考慮も見られないことがよくあります。

私はこの人に対し確かに暖かい感情を持っていますし、あのような状況では・・・そうした感情をとても強く感じ、それを彼女が感謝しているのも、とてもよくわかったのです。

ある意味では、セラピーの中で行われることは、クライアントに対して本当にやさしい気持ちで、その人が本当に自分の感情を持ち、自分の人生を生きていくように援助することであり、セラピストが他の人に与えうる最大のものは、最小ではなく最大のことは、その人の感情に別の人間として、喜んで寄り添っ

to another person, is to be willing to go with them in their own separate feelings as a separate person ...... and I feel that uh ... there was a good deal of that in this ... in this interview.

I might also say that um ... One other reaction I had at the very outset of the interview was that, to me, her face, in the first, I don't know, 5 or 10 minutes of the interview, seemed more, ah more relaxed, less tense, uh ... more open, more full of life than uh I think I have ever seen it. I don't know whether the camera will uh ... be able to pick up changes as subtle as that but ... uh ... it seemed to me that there was not the strained tense .... facial expressions that ... have been so customary with this client and that instead she was really ah. ... living more freely in her feelings of the moment and uh ... I suspect that I feel that in large measure carried through even though the feelings in the later part of the interview are uh ... those of fright and dread and facing some of life's uh ... very ultimate problems uh ... in ... in a realistic fashion.

There's another way of describing the ... this heightened moment in the interview where she uh ... realized that in her desire for someone to go with her in her fear and loneliness that actually she had experienced just that ... ah ... in my going along with her in those feelings umm ... I think one could put that in more general terms and say that what the

て歩んでゆくことだということをおわかりいただきたいと思います。・・・そして、この面接ではそれがかなり見られたと思うのです。

また、この面接のごく初めの部分で気づいたことですが、最初面接が始まって５分か１０分位したころ、彼女の顔はこれまで見たことがないくらいリラックスしていて、あまり緊張しておらず、率直で生き生きしていました。カメラがその微妙な変化をうまくとらえていたかどうかわかりませんが。・・・このクライアントの顔にいつも見られていた張りつめて緊張した表情がなく、代わりにとても・・・その時の感情に、より正直に生きているように見えました。そして・・・それがずっと続いていたのではないかと思えるのです。この面接の後半部分では・・・あのような驚きと恐怖の感情を持ち、人生の極限の問題に対してさえ・・・とても現実的な形で直面していたのではないかと思います。

この面接の最高潮の瞬間を別の言い方で述べるとすると・・・彼女は自分がちょうどいま経験している恐怖と孤独の中を、一緒に歩いてくれる人がいてくれたらという願いに気づき・・・私が彼女と一緒にこうした感情の中を歩いていることを経験したのですが・・・それをもっと一般的な用語で表現してみると・・・そのセラピーで、その個人が経験することは・・・愛されているとい

individual experiences in therapy uh ... is the experience of being loved and I think that there's no question that's what she was experiencing at that moment. A ... a non-possessive kind of feeling. A love which is willing for the other person to be separate and to uh ... possess his own feelings in his own way. And I think in most instances of deep and successful therapy the person really experiences that.

う経験だと言ってもよいと思います。彼女はその瞬間、まぎれもなくそれを経験していたのです。それは、ある種の、所有欲のない感情です。その愛は、喜んで別の人である他人のために、自分自身のしかたで自分自身の感情を持つというものです。そして、深い、成功したセラピーでは、ほとんどの場合、クライアントは本当にそのことを経験するのだと思います。

日本語版　ロジャーズのカウンセリングとエンカウンター・グループ　DVD ＆ ビデオ
監修：畠瀬　稔

Miss Mun──進行中のセラピー（第 17 回）の全実録──
セラピスト：カール・ロジャーズ
- ●DVD 1巻（60 分）　●ビデオ 1巻（60 分）
- 　6,000 円（税込）　　　30,000 円（税込）
- 逐語録（コスモス・ライブラリー刊）和文・英文合冊 600 円＋税

出会いへの道──あるエンカウンターグループの記録──
　　　　（アカデミー賞受賞）
ファシリテーター：カール・ロジャーズ、リチャード・ファーソン
- ●DVD 1巻（47 分）　●ビデオ 1巻（47 分）
- 　6,000 円（税込）　　　30,000 円（税込）
- 逐語録（和文・英文合冊）700 円＋税

これが私の真実なんだ──麻薬にかかわった人たちのエンカウンターグループ──
ファシリテーター：カール・ロジャーズ、アンソニー・ローズ
- ●DVD 1巻（60 分）　●ビデオ 1巻（60 分）
- 　6,000 円（税込）　　　30,000 円（税込）
- 逐語録（コスモス・ライブラリー）和文・英文合冊 1,000 円＋税

鋼鉄のシャッター──北アイルランド紛争とエンカウンターグループ──
ファシリテーター：カール・ロジャーズ、パット・ライス
- ●DVD 1巻（63 分）　●ビデオ 1巻（63 分）
- 　6,000 円（税込）　　　30,000 円（税込）
- 逐語録（和文）1,000 円　　（英文）2,500 円

各商品の送料につきましては、下記にお問い合わせください。

制作：KNC（関西人間関係研究センター）ビデオ事務局：
- 〒533-0021
- 大阪市東淀川区下新庄 6-15-24
- 電話：090-4306-7907
- Fax：06-6322-5637
- E-mail：knc823@occn.zaq.ne.jp

監修	畠瀬　稔	（関西人間関係研究センター代表、京都女子大学名誉教授）

ロジャーズの序言・面接後の感想英語トランスクリプト作成
　　　　Ryan A. Richardson　（立命館大学講師）

訳者	加藤久子	（学校法人山口学園ＥＣＣ国際外国語専門学校非常勤講師）
	東口千津子	（学校法人山口学園ＥＣＣ社会貢献センター代表・学生相談室本部責任者）

■カール・ロジャーズ著

ロジャーズのカウンセリング（個人セラピー）の実際

　　　　　　Ⓒ2007　監修者　畠瀬　稔
　　　　　　　　　　共訳者　加藤久子・東口千津子

2007年 8月31日	第1刷発行
2021年12月25日	第7刷発行

発行所　　㈲コスモス・ライブラリー
発行者　　大野純一
　　　　　〒113-0033　東京都文京区本郷 3-23-5
　　　　　　　　　　　ハイシティ本郷 204
　　　　　電話：03-3813-8726　Fax：03-5684-8705
　　　　　郵便振替：00110-1-112214
装幀　　　瀬川　潔
発売所　　㈱星雲社（共同出版社・流通責任出版社）
　　　　　〒112-0005　東京都文京区水道 1-3-30
　　　　　電話：03-3868-3275　Fax：03-3868-6588
印刷／製本　モリモト印刷（株）
ISBN978-4-434-11083-2 C0011
定価はカバー等に表示してあります。

「コスモス・ライブラリー」のめざすもの

　古代ギリシャのピュタゴラス学派にとって〈コスモス Kosmos〉とは、現代人が思い浮かべるようなたんなる物理的宇宙（cosmos）ではなく、物質から心および神にまで至る存在の全領域が豊かに織り込まれた〈全体〉を意味していた。が、物質還元主義の科学とそれが生み出した技術と対応した産業主義の急速な発達とともに、もっぱら五官に隷属するものだけが重視され、人間のかけがえのない一半を形づくる精神界は悲惨なまでに忘却されようとしている。しかし、自然の無限の浄化力と無尽蔵の資源という、ありえない仮定の上に営まれてきた産業主義は、いま社会主義経済も自由主義経済もともに、当然ながら深刻な環境破壊と精神・心の荒廃というつけを負わされ、それを克服する本当の意味で「持続可能な」社会のビジョンを提示できぬまま、立ちすくんでいるかに見える。

　環境問題だけをとっても、真の解決には、科学技術的な取組みだけではなく、それを内面から支える新たな環境倫理の確立が急務であり、それには、環境・自然と人間との深い一体感、環境を破壊することは自分自身を破壊することにほかならないことを、観念ではなく実感として把握しうる精神性、真の宗教性、さらに言えば〈霊性〉が不可欠である。が、そうした深い内面的変容は、これまでごく限られた宗教者、覚者、賢者たちにおいて実現されるにとどまり、また文化や宗教の枠に阻まれて、人類全体の進路を決める大きな潮流をなすには至っていない。

　「コスモス・ライブラリー」の創設には、東西・新旧の知恵の書の紹介を通じて、失われた〈コスモス〉の自覚を回復したい、様々な英知の合流した大きな潮流の形成に寄与したいという切実な願いがこめられている。そのような思いの実現は、いうまでもなく心ある読者の幅広い支援なしにはありえない。来るべき世紀に向け、破壊と暗黒ではなく、英知と洞察と深い慈愛に満ちた世界が実現されることを願って、「コスモス・ライブラリー」は読者と共に歩み続けたい。